Bewegungsbaustelle in der Kita

Ein pädagogisches Angebot

Bibliografische Information der Deutschen Nationalbibliothek:
Die Deutsche Nationalbibliothek verzeichnet diese Publikation in der
Deutschen Nationalbibliografie; detaillierte bibliografische Daten sind
im Internet über http://dnb.dnb.de abrufbar.

© 2023 Sebastian Götz

Herstellung und Verlag: BoD – Books on Demand, Norderstedt

ISBN: 978-3-7347-0397-3

Inhaltsverzeichnis

Einleitung 7
Analyse des Kindes 8
   Beschreibung des beobachteten Kindes 8
      Angaben zum Kind 8
   Beobachtungsverfahren Kuno Beller 8
      Erhebungsprotokoll nach Kuno Beller 8
      Entwicklungsprofil nach Kuno Beller 12
      Profilanalyse nach Kuno Beller 13
   Ausführliche Beschreibung aller Entwicklungsbereiche ... 16
      Emotional-Sozialer-Entwicklungsbereich 16
      Sprachlicher Entwicklungsbereich 16
      Kognitiver Entwicklungsbereich 17
      Motorischer Entwicklungsbereich 17
      Interessen und Themen des Kindes 18
Zielsetzung im Angebot 18
   Benennung der Bildungs- und Entwicklungsfelder 18
   Grobziele 21
   Feinziele 21
Planung des Angebots 22
   Begründung des Angebots 22
   Auswahl der Gruppe 23
      Begründung für die Gruppenkonstellation 23
      Beschreibung der einzelnen Kinder 23
   Sachanalyse 24
      Kindliches Lernen 24
      Einschränkungen der Bewegung 28

- Bewegung in der frühen Kindheit ... 29
- Grundlegende motorische Fertigkeiten ... 29
- Sehbeeinträchtigung und motorische Entwicklung ... 30
- Psychomotorik ... 31
- Bewegungsbaustelle ... 33
- Methodisch-Didaktische-Planung ... 34
  - Verlaufsplan ... 34
- Problemvorwegnahme ... 36
  - Ein Kind möchte nicht am Angebot teilnehmen ... 36
  - Ein Kind ist erkrankt und nimmt nicht teil ... 36
  - Ein Kind spielt nicht nach den Regeln ... 36
  - Den Kindern ist/wird langweilig ... 36
  - Ein Kind möchte nicht mehr Bewegungsbaustelle spielen ... 36
  - Ein Kind verletzt sich ... 36
- Vorbereitende Tätigkeiten ... 37
  - Raumplanung ... 37
  - Vorbereitung des Raumes ... 38
  - Raum-, Material- und Medienliste ... 38
- Literaturverzeichnis ... 38

EINLEITUNG

Bewegung, Spiel und Spaß spielen eine wichtige Rolle in der kindlichen Entwicklung. Diese helfen nicht nur bei einer gesunden körperlichen Entwicklung. Ebenso unterstützen diese auch die kognitive, soziale und emotionale Entwicklung von Kindern. Denn durch Bewegung und Spiel können die Kinder ganz spielerisch ihre motorischen Fähigkeiten verbessern, ihre Koordination und den Gleichgewichtssinn trainieren und somit nebenbei ihre Muskelkraft aufbauen.

Hinzu kommt eine Förderung der Konzentration und der Aufmerksamkeit während des Spiels, um Aufgaben und Ziele erreichen zu können. Die Kinder können zudem ihre Kreativität und Fantasie entfalten, indem sie sich in unterschiedliche Rollen und Situationen hineinversetzen.

Insgesamt trägt Bewegung und Spiel somit zu einer ganzheitlichen Entwicklung von Kindern bei und sollte deshalb in jeder kindgerechten Erziehung und Bildung einen festen Platz haben.

Ein mögliches pädagogisches Angebot für diese Bereiche ist eine Bewegungsbaustelle. Diese bietet den Kindern die Gelegenheit, sich frei und selbstständig zu bewegen, Hindernisse zu überwinden und ihre körperlichen Grenzen auszutesten. Dabei können sie ihre Koordination, ihr Gleichgewicht und ihre Geschicklichkeit verbessern, und das gemeinsam.

Durch das Beobachtungsverfahren Kuno Beller wurde das pädagogische Angebot Bewegungsbaustelle für ein Kind geplant und umgesetzt. Es fand eine Analyse und Beschreibung des Kindes statt. Ebenso wurden die Ziele des pädagogischen Angebotes festgelegt. Daraufhin folgten die Planung des Angebotes sowie eine umfangreiche Sachanalyse.

Dieses Angebot dient Ihnen als Grundlage für ähnliche pädagogische Aktivitäten mit Kindern in den Bereichen der Bewegung und des gemeinsamen Spiels unter Kindern. Erfahren Sie mehr über die wissenschaftlichen Sichtweisen und erhalten Sie grundlegendes Wissen.

Ich wünsche Ihnen viel Spaß beim Entdecken dieses wundervollen Themas und hoffe, dass auch Sie sich in Zukunft näher mit den Themen von Bewegung und der Bewegungsbaustelle beschäftigen wollen.

ANALYSE DES KINDES

Beschreibung des beobachteten Kindes

Angaben zum Kind

- **Vorname:** X.
- **Geschlecht:** weiblich
- **Alter:** 5:9
- **Nationalität:** deutsch

Beobachtungsverfahren Kuno Beller

Für die Analyse des Kindes und die Planung des gezielten pädagogischen Angebots wurde das Beobachtungsverfahren Kuno Beller angewandt.

Bei diesem Beobachtungsinstrument kommt es nicht so sehr auf einzelne, gezielte Beobachtungen an. Vielmehr fließen viele alltägliche Beobachtungen und Erfahrungen mit ein. Bei diesem Praxisbeispiel wurde nur eine Erhebung von Entwicklungsprofil und den Items durchgeführt. Dennoch sollte normalerweise eine Erhebung zweimal stattfinden, mit einer Differenz einiger Wochen, um Veränderungen und Entwicklungen besser feststellen zu können. Am Ende folgt der Transfer von der Beobachtung zur Planung des pädagogischen Angebots.

Kuno Beller eignet sich hervorragend für das Erkennen von Entwicklungsprozessen bei Kindern, womit Kompetenzen und Defizite eines Kindes erkannt und die weiteren Entwicklungen beobachtet werden können.

Erhebungsprotokoll nach Kuno Beller

Für die Anwendung des Beobachtungsverfahrens Kuno Beller muss zuerst das Erhebungsprotokoll ausgefüllt werden. Hierfür werden die Items der jeweiligen Entwicklungsbereiche nach Kuno Beller benötigt.

1. Erhebungsprotokoll

Information zum Kind		Information zur Einrichtung und zur Erhebung	
Name	X	Institution	
Geschlecht		Beobachter Erheber	
Geburtsdatum		Erhebungsdatum	07.10.22
Alter in Monaten	Alter in Jahren 5;9	Anlass der Erhebung	

Bereich	Phase	Tut es	Tut es teilweise	Tut es nicht	Weiß nicht	Auswertung
KP	1-4					4,0
	5	1,2,3,4,5,				1,0
	6	1,2,6,	4,	3,5,		0,58
	7	1,6,	3,5,	2,4,7,		0,43
	8	1,4,5,	3,	2,		0,70
	9	6,	2,	1,3,4,5,		0,25
	10	6,		1,2,3,4,5,		0,17
	11	1,6,		2,3,4,5,		0,33
	12			1,2,3,4,5,6,		0,00
						=7,46
UB	1-7					7,0
	8	1,2,3,4,5,6,				1,0
	9	1,3,4,5,6,		2,		0,83
	10	2,3,4,5,		1,6,		0,67
	11	1,2,3		4,5,6		0,50
	12	3,6,	2,	1,4,5,		0,42
	13	1,	2,3,	4,5,6,		0,33
	14			1,2,3,4,5,6,		0,00
						=10,75

© Simone Beller (2016): Kuno Bellers Entwicklungstabelle 0 - 9

Erhebungsprotokoll Blatt 1 von 3

1. Erhebungsprotokoll

Seite 2

Name des Kindes: X. Erhebungsdatum: 07.10.22

Bereich	Phase	Tut es	Tut es teilweise	Tut es nicht	Weiß nicht	Auswertung
SEE	1-3					3,0
	4	1,2,3,4,5,6,				1,0
	5	2,3,5,6,		1,4,		0,67
	6	1,2,3,6,7,	5,	4,		0,79
	7	1,4,5,		2,3,6,		0,50
	8	3,4,6,		1,2,5,		0,50
	9	6,	4,	1,2,3,5,		0,25
	10	3,6,	4,	1,2,5,		0,42
	11	1,5,	2,4,	3,6,		0,50
	12	3,4,	1,2,	5,6,		0,50
	13			1,2,3,4,5,6		0,00
						=8,13
Spiel	1-5					5,0
	6	1,2,5,6,	3,	4,		0,75
	7	1,4,5,		2,3,6,		0,50
	8	3,4,6,		1,2,5,		0,50
	9		4,	1,2,3,5,6,		0,08
	10	2,3,4,	5,	1,6,		0,58
	11			1,2,3,4,5,6,		0,00
						=7,41
SPR	1-9					9,0
	10	2,5,7,		1,3,4,6,		0,50
	11	6,7,		1,2,3,4,5,		0,29
	12	1,4,5,		2,3,6,		0,50
	13	3,4,		1,2,5,6,		0,33
	14			1,2,3,4,5,6,		0,00
						=10,62

© Simone Beller (2016): Kuno Bellers Entwicklungstabelle 0-9

Erhebungsprotokoll Blatt 2 von 3

1. Erhebungsprotokoll

Seite 3

Name des Kindes: X. Erhebungsdatum: 07.10.22

Bereich	Phase	Tut es	Tut es teilweise	Tut es nicht	Weiß nicht	Auswertung
KcG	1-7					7,0
	8	1,2,3,4,5,6,				1,0
	9	3,4,5,6,	2,	1,		0,75
	10	1,2,3,5,6,		4,		0,83
	11	2,3,5,	6,	7,4,		0,58
	12	4,	2,	1,3,5,6,7		0,21
	13			1,2,3,4,5,6,7,		0,00
						=10,37
GM	1-6					6,0
	7	1,2,3,4,5,6,				1,0
	8	1,2,3,4,6,7,			5,	1,0
	9	1,2,4,		3,5,6,7,		0,43
	10	1,4,6,	2,3,	5,		0,67
	11	3,4,		1,2,5,6,7		0,24
	12	5,		1,2,3,4,		0,20
	13			1,2,3,4,5,		0,00
						=9,54
FM	1-5					5,0
	6	1,2,3,4,5,				1,0
	7	1,3,4,6,		2,5,		0,67
	8	1,2,5,6,		3,4,		0,67
	9	2,3,5	6,	1,4,		0,58
	10	1,5,		2,3,4,6,		0,33
	11	3,		1,2,4,5,		0,20
	12	2,5,		1,3,4,6,		0,33
	13			1,2,3,4,5,		0,00
						=8,78

© Simone Beller (2016). Kuno Bellers Entwicklungstabelle 0-9

Erhebungsprotokoll Blatt 3 von 3

Entwicklungsprofil nach Kuno Beller

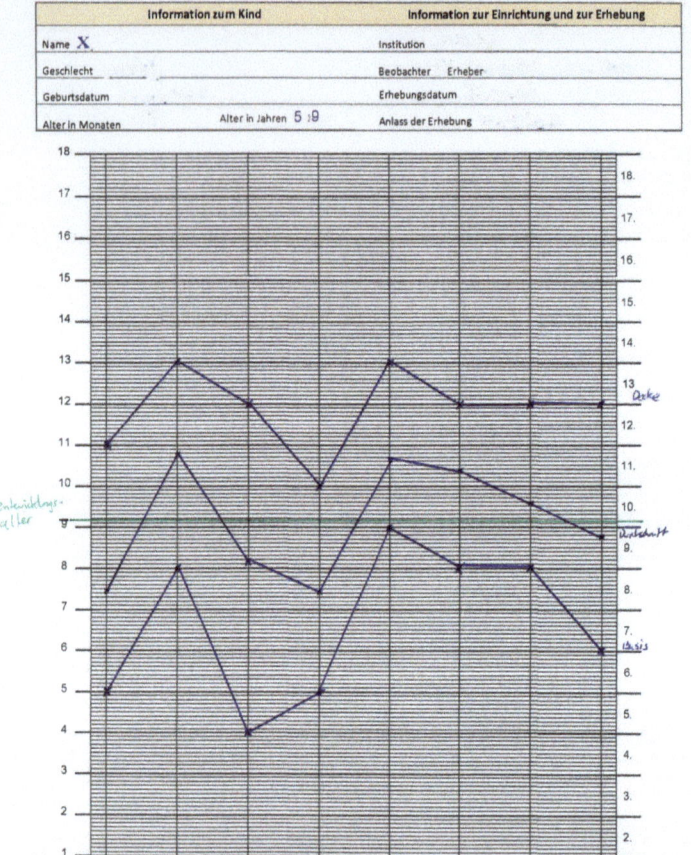

Entwicklungsprofil nach Kuno Beller

Profilanalyse nach Kuno Beller

Profilanalyse nach Kuno Beller

Auswertung des Entwicklungsprofils

Nach der Erhebung und Auswertung der verschiedenen Items lässt sich folgendes Bild erkennen: Das Entwicklungsalter von X. liegt bei **durchschnittlich 9,14**.

Über dem Entwicklungsalter liegen die Bereiche Umgebungsbewusstsein (10,75), Sprache & Literacy (10,62), Kognition (10,37) sowie die Grobmotorik (9,59). Hier lassen sich auch die individuellen Stärken von X. erkennen. Denn der Bereich Sprache & Literacy bewegt sich zwischen 9 (knapp unterhalb des Entwicklungsalters) und 13. Die Bereiche Kognition und Grobmotorik bewegen sich ebenfalls in den Bereichen zwischen den Phasen 8 und 12, wobei der Durchschnittswert der Kognition mit knapp 1,5 Phasen des Durchschnittswertes über dem Entwicklungsalter leicht stärker ausgeprägt ist als der Durchschnittswert der Grobmotorik mit 0,5 Phase über dem Entwicklungsalter.

Unter dem Entwicklungsalter liegen die Bereiche Körperbewusstsein & -pflege (7,46), Sozial-emotionale Entwicklung (8,13), Spieltätigkeit mit

(7,41) sowie die Feinmotorik mit (8,78). Hieraus lassen sich auch die individuellen Schwächen von X. erkennen. Der Bereich Spieltätigkeit bewegt sich zwischen den Phasen 5 und 10. Die Sozial-emotionale Entwicklung bewegt sich zwischen den Phasen 4 und 12, was eine sehr große Bandbreite darstellt. Auch im Bereich der Körperpflege und des Körperbewusstseins liegt die Phasenbreite zwischen der Phase 5 und 11. Hier liegt der Durchschnittswert mit 7,46 unter dem Entwicklungsalter. Die Feinmotorik liegt zwischen den Phasen 6 und 12, wobei der Durchschnittswert (8,78) nahe am Entwicklungsalter (9,14) liegt.

X. Entwicklungsalter liegt nach dieser Einschätzung im Durchschnitt (9,14) weit unterhalb der Altersnorm (15). Diese Einschätzung wünscht Kuno Beller selbst nicht! Ich sehe diese in manchen Fällen jedoch als hilfreich an. Im Bereich der Grobmotorik findet derzeit eine große Entwicklungsphase statt.

Entwicklungsangemessenes Erfahrungsangebot

Auf dem Blatt Profilanalyse zur Entwicklung von Erfahrungsangeboten konnten für X. sinnvolle Verknüpfungen herausgearbeitet werden, wodurch mindestens zwei unterschiedliche Angebote möglich sind.

Erstes Angebot

Das erste Angebot für X., welches ihre individuellen Kompetenzen berücksichtigt, wäre ein Bewegungsangebot. Hierbei verknüpfen sich folgende Items miteinander:

Items mit individuellen Schwächen

- Spiel 6-5, 6-6, 7-1, 10-3
- SEE 5-5, 7-5, 10-3, 11-5
- KP 7-1

Items mit individuellen Stärken

- UB 10-3
- GM 6-4, 8-3, 10-1, 12-5

Zweites Angebot

Das zweite mögliche Angebot für X., welches ihre individuellen Kompetenzen berücksichtigt, wäre eine Bilderbuchbetrachtung. Hierbei verknüpfen sich folgende Items miteinander:

Items mit individuellen Schwächen

- SEE 8-6

Items mit individuellen Stärken

- SPR 11-7, 12-5
- KOG 10-6, 12-4
- UB 11-1

Hierbei könnte die individuelle Schwäche von X., nämlich das Sprechen über einfache Emotionen (SEE 8-6) durch die Stärken im Bereich des Artikulierens und der argumentativen Sprache (SPR 11-7/12-5) unter Anwendung eines entsprechenden Bilderbuchs gestärkt werden. X.´s Stärke bei der kritischen Auseinandersetzung mit Aussagen (KOG 12-4) könnten durch ein dialogisches Vortragen ebenfalls gestärkt werden. Da X. bereits den Sommer und Winter mit typischen Merkmalen verbinden kann (UB 11-1), wäre ein Bilderbuch, welches den jetzt zur Jahreszeit passenden Herbst behandelt und gleichzeitig Emotionen und Gefühle wie Vorfreude, Aufregung, Wut und Enttäuschung behandelt, ideal. Hier würde sich beispielsweise das Buch „Flieg, kleiner Drachen!" anbieten.

Bei diesem Angebot wäre das erste Motivationsprinzip, nämlich dem Verbinden individueller Stärken und Schwächen und dem Schaffen eines neuen Lernkontextes für X., berücksichtigt.

X. würde bei diesem Angebot intrinsisch motiviert. Ebenfalls wäre das zweite Motivationsprinzip auch berücksichtigt, denn das geplante Erfahrungsangebot beinhaltet nur Verhaltensweisen und Tätigkeiten, welche X. bereits tut oder zeigt. Hierdurch wird Misserfolg vermieden und das Vertrauen in päd. Fachkräfte und die Umwelt gestärkt.

Übertragung der Auswertung in ein Angebot

Nachdem wir nun alle notwendigen Informationen erhalten haben, folgt als nächster Schritt die Planung des entsprechenden Angebots. Ich habe mich in dem Fall für ein Bewegungsangebot in Form einer Bewegungsbaustelle entschieden.

Ausführliche Beschreibung aller Entwicklungsbereiche

Emotional-Sozialer-Entwicklungsbereich

X. spielt im Freispiel meist parallel zu anderen Kindern und findet nicht in Aktivitäten mit anderen Kindern. Bei gemeinsamen Spielen kooperiert sie mit anderen Kindern nicht. Die Gefühle und Stimmungen anderer Kinder kann X. nur schwer aufgreifen und zu weiterem nachdenken bewegen (Ein Kind fällt hin und weint; X. frägt wer weint und spielt dann weiter). Das Zuordnen von Gefühlen bei verschiedenen Anlässen (Freude bei einem Geschenk oder Traurig, wenn man geschubst wird) kann X. nicht. Außerdem zeigt X. das Nachahmen stereotyper Verhaltensweisen nicht. Dennoch kann sie Sympathie sowie Vorliebe und Abneigung gegenüber anderen Personen äußern. Ebenso zeigt X. teilweise Vorliebe für ein oder mehrerer Kinder. Teilweise genießt X. es auch, anderen eine Freude zu machen. Emotionen wie Ärger und Wut versucht sie zu regulieren. Auch spricht sie über Ihre Ängste und weiteren Emotionen wie Freude (Ich freue mich, denn wir gehen am Wochenende auf den Jahrmarkt). X. erkennt sich auch selbst im Spiegel und auf Fotos. Dennoch verwendet sie nicht „ich", wenn X. sich selbst meint.

Im Fachkraft-Kind-Verhältnis benötigt X. sehr viel Aufmerksamkeit und Zuneigung. Bei vielen Aktivitäten braucht sie die Fachkraft als sichere Basis und findet hieraus nur schwer in exploratives Verhalten. Ebenso reagiert X. nur schwer auf Aufgabenübertragungen, Regeln und Aufforderungen. In diesem Bereich kann man X. oft nur durch Aufmerksamkeit und Aufmerksamkeitsentzug lenken.

Sprachlicher Entwicklungsbereich

X. begleitet ihre Freispiele mit klaren Aussagen. Sie kann Sätze grammatikalisch korrekt bilden und diese verständlich äußern, wendet also keine Babysprache mehr an. Bei Erzählungen von Erlebnissen oder dem vergangenen Wochenende erzählt X. in der korrekten Zeitform. Hierbei sind die Aussprache und Verständlichkeit von Wörtern und Zahlen stets verständlich. Ebenso kann X. Steigerungsformen von Adjektiven korrekt anwenden. Präpositionen wie oben oder unten wendet X. auch korrekt an. Sobald jedoch andere Kinder in der Nähe sind, nehmen verbale Äußerungen stark ab. Es liegt bei X. keine bilinguale Situation vor.

Kognitiver Entwicklungsbereich

Vorwegnehmen muss man bei allen Entwicklungsbereichen und insbesondere auch bei der kognitiven Entwicklung. Dass X. starke visuelle Einschränkungen hat, ergo fast blind ist. Diese Herausforderung begleitet dementsprechend die kognitive Entwicklung von ihr.

Beim Freispiel folgt X. einer „verbalen Schritt-für-Schritt-Anleitung", beispielsweise beim Spielen in der Spielküche. Sie kann abstrakte Mengen in Zahlen ausdrücken (Da sind bestimmt 100 Bilder drin...) sowie Puzzles mit bis zu 35-Teilen zusammensetzen. Hier jedoch unter der Voraussetzung eines Hilfsgerätes zur Bildvergrößerung.

X. weiß über die Funktion von Alltagsobjekten. Sie kann Wochentage zuordnen sowie die Jahreszeiten Sommer und Winter. Beim Morgenkreis kann sie Wetterbedingungen wie Sonne oder Regen korrekt einordnen. Beim Versteckspiel unter einer Decke kann X. sich bis zu 2 Gegenstände merken und erraten (Beobachtung bei offenen Angeboten).

Beim Mittagessen holt X. die notwendigen Materialien (Teller, Glas, Gabel) nach Aufforderung autonom. Die Fähigkeit zur Selbstbehauptung in Bezug auf „Sich durchsetzen können", ist bei X. sehr vermindernd ausgeprägt (sucht keinen Konflikt und zieht sich meist aus der Konfliktsituation zurück). X. kann die Grundfarben (ohne Cyan und Magenta) nicht korrekt erkennen.

Motorischer Entwicklungsbereich

Feinmotorischer Bereich

Im feinmotorischen Bereich klebt X. Papierschnipsel zu einem selbst erfundenen Muster auf ein Blatt. Sie ahmt Schrift nach und tuscht mit Pinsel und Farbe. Auch das Umdrehen von Memory-Karten führt X. mit dem Pinzettengriff aus. Im Freispiel kann man X. beim Bauen von hohen Türmen beobachten oder beim Spielen von verschiedenen Steckspielen. Das Umfüllen von Wasser in verschiedene Behälter gelingt X. ohne zu verschütten. Ebenso kann sie Gegenstände mit einer Hand vom Boden aufheben. Das korrekte Arbeiten mit der Schere oder eine korrekte

Stifthaltung gelingt X. nicht. Sie kann einen kleinen Stein mit zwei Fingern stabilisieren. Beim Mittagessen isst X. mit Gabel in nicht korrekter Haltung.

Grobmotorischer Bereich

X. beeinflusst ihr Tempo willkürlich und wechselt dieses bei Bewegungen auch schnell. Sie geht Treppen im Wechselschritt hinauf und hinunter. Über eine umgedrehte Turn-Bank geht sie an einer Hand sicher. Hier spielt die fehlende visuelle Leistung eine große Rolle, denn X. fehlt es hier mehr an Selbstvertrauen statt an grobmotorischen Fertigkeiten, um die umgedrehte Turn-Bank alleine zu meistern. So springt X. auch nur teilweise mit beiden Füßen etwas hinunter. Dies gilt auch für das Balancieren auf einem Bein. Einen kleinen Ball wirft X. mit Schwung nach vorne.

Interessen und Themen des Kindes

Die Interessen von X. sind schwer und nicht zweifelsfrei zu erkennen. X. mag Bewegung, jedoch nur aus sicherer und bekannter Umgebung heraus. Ein aktuelles Thema von X. lässt sich derzeit im interdisziplinären Team leider nicht ableiten. Dennoch lässt sich festhalten, dass X. derzeit sehr stark in der „Warum"-Phase ist.

ZIELSETZUNG IM ANGEBOT

Benennung der Bildungs- und Entwicklungsfelder

Während des gezielten Angebots werden grundsätzlich fast alle Bildungs- und Entwicklungsfelder *„Körper"*, *„Denken"*, *Sinne*, *„Gefühl und Mitgefühl"*, *„Sprache"* sowie Bereiche des Bildungs- und Entwicklungsfeld *„Sinn, Werte und Religion"* berührt. Aufgrund der geplanten Angebotsart (Bewegungsbaustelle) werden jedoch hauptsächlich und verstärkt die Bereiche ***„Denken"***, **„Sinne"** sowie **„*Körper*"** angesprochen.

Diese vorab genannten Bildungs- und Entwicklungsfelder des Orientierungsplanes Baden-Württemberg leiten sich aus nachfolgend genannten **Bildungsbereichen** ab:

1. *Körper, Gesundheit und Ernährung*: Die Welt zu erschließen unter Anwendung der vorhandenen Sinne.
2. *Bewegung*: Körperwahrnehmung & -erfahrung, Selbsterfahrung; Bewegung.
3. Mathematische Bildung: Durch Sortieren & Klassifizieren von Objekten sowie Ordnen & Formenkenntnis.
4. Soziale, kulturelle und interkulturelle Bildung: In soziale Interaktionsprozesse treten und Meinungen und Vorstellungen anderer Menschen zu erfahren.
5. Sprache und Kommunikation: Zwischenmenschliche Verbale & Nonverbale Kommunikation, Dialoge.
6. Naturwissenschaftlich-technische Bildung: Das Erlernen von Technik & Gesetzmäßigkeiten durch entdecken und erforschen der Umwelt.

Das **Bildungs- und Entwicklungsfeld SINNE** wird durch das Entdecken und Erforschen der Bewegungsbaustelle angesprochen. Die Kinder nehmen hierdurch die verschiedensten Sinneseindrücke wahr. Sie entdecken hierdurch, dass man die Welt auf unterschiedlichste Wege wahrnehmen und verändern kann. Ebenfalls findet das Thema des Kindes (Soziale Kontakte) hier Anknüpfpunkte (Erfahren über die Sinneswahrnehmung Selbstvertrauen, Weltwissen und **soziale Kontakte**). Dieses Entwicklungsfeld hat folgende passende Ziele:

1. Kinder entwickeln, Schärfen und Schulen ihre Sinne
2. Erfahren die Bedeutung und Leistungen der Sinne
3. Erfahren über die Sinneswahrnehmung Selbstvertrauen, Weltwissen und soziale Kontakte…
4. Können ihre Aufmerksamkeit gezielt ausrichten und sich vor Reizüberflutungen schützen
5. Entwickeln vielfältige Möglichkeiten… Vorstellungen ästhetisch-künstlerisch auszudrücken

6. Erlangen durch die differenzierte Entwicklung und Nutzung der eigenen Sinne Orientierungs- und Gestaltungsfähigkeit.

(vgl. Baden-Württemberg, 2016, S. 123)

Im **Bildungs- und Entwicklungsbereich DENKEN** erweitern die Kinder durch das gezielte Angebot ihr Wissen. Es findet auch eine starke kognitive Forderung statt, denn die Kinder müssen über mögliche Konstruktionsmöglichkeiten nachdenken sowie sich ganzheitliche Gedanken (Bewegung, wohin? wie stark, etc.) machen. Im Bildungs- und Entwicklungsfeld Denken gibt es auch das Ziel, dass Kinder Freude am gemeinsamen Nachdenken haben. Auch in diesem Entwicklungsfeld wird Bezug auf das Thema Bewegung genommen, u.a. durch die Ziele:

1. Kinder „erstellen Pläne"
2. Stellen sich und ihrer Umwelt Fragen... und suchen nach Antworten
3. Sammeln verschiedene Dinge...
4. Haben Freude daran, zusammen mit anderen über Dinge nachzudenken
5. Beobachten ihre Umgebung genau, stellen Vermutungen auf und überprüfen diese mit verschiedenen Strategien

(vgl. Baden-Württemberg, 2016, S. 148)

Im **Bildungs- und Entwicklungsbereich KÖRPER** erweitern die Kinder durch das gezielte Angebot ihre körperlichen Fertig- und Fähigkeiten. Bei der Bewegungsbaustelle werden neben einfachen Bewegungsmustern wie Gehen oder Tragen auch komplexere Bewegungsmuster verlangt, welche eine Zusammenarbeit der motorischen und Sinnes- / Gleichgewichtsorganen des kindlichen Körpers voraussetzt. Hierzu zählt beispielsweise das Balancieren, Klettern oder Überwinden von Hindernissen. Ziele lassen sich auch hier aus dem Bildungs- und Entwicklungsbereich ableiten:

1. Kinder... und erweitern ihren Handlungs- und Erfahrungsraum
2. Erwerben Wissen über Ihren Körper

3. Entwickeln ein Gespür für die eigenen körperlichen Fähigkeiten und Grenzen sowie die der anderen und lernen, diese anzunehmen.
4. Entwickeln ein Verständnis für... die Regulierung und Gesunderhaltung ihres Körpers
5. Entfalten ein positives Körper- und Selbstkonzept...
6. Bauen ihre konditionellen und koordinativen Fertigkeiten und Fähigkeiten aus
7. Erweitern ihre Grob- sowie Feinmotorischen Fähigkeiten und Fertigkeiten
8. Finden auch <u>unter erschwerten Bedingungen eigene Wege</u> in der motorischen Entwicklung

(vgl. Baden-Württemberg, 2016, S. 112–113)

Grobziele

1. X. <u>setzt sich</u> mit den Baumaterialien <u>kreativ auseinander</u>.
2. X. <u>erweitert</u> ihre <u>Kenntnisse</u> zum Thema <u>soziales Miteinander</u>.
3. X. <u>übt</u> sich in <u>grobmotorischen Bewegungen</u>.

Feinziele

1. X. <u>stellt gemeinsam</u> mit anderen Kindern ein selbstgebautes Objekt <u>her</u>.
2. X. <u>übt sich</u> im Konstruieren.
3. X. <u>baut gemeinsam</u> mit anderen Kindern in der Bewegungsbaustelle.
4. X. <u>hüpft</u> über ein Hindernis.

PLANUNG DES ANGEBOTS

Begründung des Angebots

Durch Alltagsbeobachtungen wurden Eindrücke und Entwicklungen von X. dokumentiert und festgehalten. Für das Angebot wurde eine Auswertung nach Kuno Bellers Entwicklungstabelle durchgeführt. Diese ergab folgendes Bild:

Das **Entwicklungsalter** von X. liegt bei durchschnittlich **9,14**. Über dem Entwicklungsalter liegen die Bereiche Umgebungsbewusstsein (10,75), Sprache & Literacy (10,62), Kognition (10,37) sowie die Grobmotorik (9,59). Hier lassen sich auch die individuellen Stärken von X. erkennen. Denn der Bereich Sprache & Literacy bewegt sich zwischen 9 (knapp unterhalb des Entwicklungsalters) und 13. Die Bereiche Kognition und Grobmotorik bewegen sich ebenfalls in den Bereichen zwischen den Phasen 8 und 12, wobei der Durchschnittswert der Kognition mit knapp 1,5 Phasen des Durchschnittswertes über dem Entwicklungsalter leicht stärker ausgeprägt ist als der Durchschnittswert der Grobmotorik mit 0,5 Phase über dem Entwicklungsalter.

Unter dem Entwicklungsalter liegen die Bereiche Körperbewusstsein & -pflege (7,46), Sozial-emotionale Entwicklung (8,13), Spieltätigkeit mit (7,41) sowie die Feinmotorik mit (8,78). Hieraus lassen sich auch die individuellen Schwächen von X. erkennen. Der Bereich Spieltätigkeit bewegt sich zwischen den Phasen 5 und 10. Die Sozial-emotionale Entwicklung bewegt sich zwischen den Phasen 4 und 12, was eine sehr große Bandbreite darstellt. Auch im Bereich der Körperpflege und des Körperbewusstseins liegt die Phasenbreite zwischen der Phase 5 und 11. Hier liegt der Durchschnittswert mit 7,46 unter dem Entwicklungsalter. Die Feinmotorik liegt zwischen den Phasen 6 und 12, wobei der Durchschnittswert (8,78) nahe am Entwicklungsalter (9,14) liegt.

X. Entwicklungsalter liegt nach dieser Einschätzung im Durchschnitt (9,14) weit unterhalb der Altersnorm (15). Hinweis: Dieser Vergleich wird von Kuno Beller selbst nicht gewünscht. Dennoch wende ich diesen an. Im Bereich der **Grobmotorik** findet **derzeit eine große Entwicklungsphase** statt.

Auf dem Blatt Profilanalyse zur Entwicklung von Erfahrungsangeboten konnten für X. sinnvolle Verknüpfungen herausgearbeitet werden, wodurch ein Bewegungsangebot in Form einer **Bewegungsbaustelle** zur Förderung der **Bildungs- und Entwicklungsfelder Sinne, Denken und Körper** ideal erscheint (für weitere Informationen siehe Beobachtung mit Kuno Beller).

Eigene Erfahrungen habe ich mit dem geplanten Angebot in Form der Bewegungsbaustelle bisher nicht erlangt. Die Anwendung von Bewegungsangeboten ist mir jedoch durch Tätigkeiten in meiner früheren Praxiseinrichtung bekannt.

Auswahl der Gruppe

Begründung für die Gruppenkonstellation

Die Gruppe wurde aufgrund der emotional-sozialen Kompetenzen zusammengestellt. Ebenfalls wurde darauf geachtet, dass die Charaktere der Gruppe heterogen sind. Die Kinder haben im Kita-Alltag (Freispiel) mit X. keine Konflikte, sodass sich „Alltagskonflikte" im gezielten Angebot vermeiden lassen. Hierdurch können auch neue Verknüpfungen zwischen X. und den anderen Kindern entstehen, welche vielleicht mittelfristig zu neuen Spielpartnern führen können.

Bei der Auswahl der Gruppe wurde ebenfalls Wert gelegt, dass Kinder im Angebot anwesend sind, die ruhiger und ein nicht ganz so starkes dominantes Verhalten zeigen, sodass eine Überforderung oder ein Rückzug von X. vermieden wird. Hierdurch wird eine möglicherweise entstehende Störung des Angebots bereits im Voraus reduziert.

Beschreibung der einzelnen Kinder

Kind 1

- Vorname: Y.
- **Geschlecht**: männlich
- **Alter**: 4:6
- Nationalität: deutsch

Interessen & Themen: Tiere, Natur, Meer, Bauen, Bewegung

Begründung: Y. ist ein sehr liebe- und verständnisvoller Spielpartner für die Kinder. Er könnte X. aufgrund seiner Persönlichkeit beim Freispiel zu sozialen Handlungen (bspw. andere Spielidee akzeptieren) bewegen. Daher passt Y. gut in die Gruppenkonstellation. Des Weiteren kann Y. die anderen Kinder motivieren und mit seinen Sichtweisen zu einem Dialog beitragen. Daher wäre es aus pädagogischer Sicht wünschenswert, wenn X. mit Y. gemeinsam ins Freispiel finden würden und somit voneinander lernen könnten.

Kind 2

- Vorname: Z.
- **Geschlecht**: weiblich
- **Alter**: 3:9
- Nationalität: deutsch

Interessen: Fantasie, Natur, Tiere

Begründung: Z. ist ein auf den ersten Blick eher zurückhaltendes Mädchen. Wenn man ihr etwas Zeit gibt und mit einbindet, blüht sie jedoch auf und findet bei Angeboten und Fantasiegeschichten viel Freude. Aufgrund der Interessen von X. sowie der ruhigen persönlichen Art, ist Z. als weiteres Gruppenmitglied des Angebotes eine sinnvolle Erweiterung.

Sachanalyse

Kindliches Lernen

Um Angebote planen und durchführen zu können, muss man zuerst einmal versuchen zu verstehen, wie das kindliche Lernen eigentlich funktioniert. Hierbei gehe ich jetzt jedoch nicht auf grundlegende Dinge wie allgemeine Lerntheorien oder Ähnliches ein. Vielmehr möchte ich eine kurze, prägnante und ganz **praktische** Einführung aus der Sicht der kognitiven Entwicklung in die Sachanalyse mit einfließen lassen. Denn viele Pädagogen unterliegen heutzutage immer noch Irrtümern bezüglich der kindlichen Entwicklung.

Ein passendes Beispiel wäre das geplante Angebot für ein Kind. Hier plane ich nun ein Bewegungsangebot und habe mir diesbezüglich pädagogische Ziele festgelegt. Diese sollen selbstverständlich überprüfbar sein und sollen beim Praxisbesuch erreicht werden. Soweit so gut. Das Angebot wird durchgeführt und manchmal erreicht man diese gesetzten Ziele nicht. Genau hier begehen dann einige Pädagogen einen Irrtum. Korrekt ist, dass man vielleicht die Ziele zu hoch gesetzt hat oder vielleicht beim Interesse des Kindes vorbei gegriffen hat. Vielleicht hatte das Kind auch einfach einen „schlechten" Tag. All dies ist möglich, wenn man mit Menschen zusammenarbeitet. Was aber nicht möglich ist, ist, dass das Kind deswegen nichts gelernt hat.

Denn jede kindliche Aktivität leitet Veränderungen an Nervenzellen ein und führt so zu neuen Verknüpfungen. Denn hier wird ständig gelernt und somit Synapsen aufgebaut und umgebaut. Mit Blick auf die Bewegung des Kindes ist wichtig festzuhalten, dass Kinder die Möglichkeit haben müssen, die Welt zu „Begreifen", damit sich die Sensorik und Motorik aufeinander einspielen können. Denn für späteres abstraktes Denken ist dies Voraussetzung.

Des Weiteren sollte man als Pädagoge wissen, dass es für bestimmte kindliche Entwicklungen schließende Zeitfenster gibt. Bei differenten visuellen Leistungen der beiden Augen (li. 70% | re. 100%) liegt die Möglichkeit der Behandlung (bspw. durch ein Augenpflaster) nur im Zeitfenster der ersten fünf Lebensjahre. Agiert man nicht innerhalb dieser fünf Jahre, wird das Kind auf einem Auge blind.

Beim Sprechen liegt dieses Zeitfenster bei 13 Jahren, was durch Wolfskinder nachgewiesen ist, aber für uns in der Praxis sicher nur theoretisch interessant ist.

Im Bereich des Denkens hat man mittlerweile erste Daten, die nahelegen, dass die Gehirnentwicklung der Frontregionen des Hirns mit ca. 25 Jahren abgeschlossen ist und sich nur noch begrenzt verändern/erweitern lassen. Wichtig zu wissen ist, dass je mehr ein Kind kann, desto einfacher kann es ähnliche Dinge zusätzlich erlernen. Diese Vorerfahrungen sind daher wesentlich und deshalb ist es so wichtig, in dieser Zeit die Bildungsprozesse anzustoßen, um den Kindern lebenslanges Lernen zu ermöglichen.

Ein weiterer extrem wichtiger Punkt beim kindlichen Lernen ist das Beachten der kindlichen Freude. <u>Denn Emotionen hängen mit dem Lernen eng zusammen</u>. So führen negative Erlebnisse (Angst) zu einer veränderten Lernsituation durch den Mandelkern des Gehirns. Diese Angst verhindert Kreativität und somit das Lernen. Der Gegensatz dieses körperlichen Systems funktioniert durch das Ausschütten von Dopamin, welches ein Beschleuniger für schnelles Lernen ist. So ist das Lernen mit

Angst möglich, führt aber beim späteren abrufen und anwenden zu dem Verlust von Kreativität (im jeweiligen Fall) und sollte daher stets vermieden werden.

Des Weiteren sind digitale Medien in Kitas höchst problematisch und schaden den Kindern immens. Sie machen süchtig und beeinträchtigen die Gehirnentwicklung. (vgl. Spitzer, 2018)

Bewegung Allgemein

Bewegung lässt sich allgemein gefasst in Lageveränderungen durch Raum und Zeit beschreiben. Für Menschen ist dieser Bewegungsprozess unabdingbar, denn einerseits benötigt der Mensch Bewegungsressourcen, um essenzielle Handlungen wie die Nahrungsaufnahme durchführen zu können. Des Weiteren müssen sich Menschen die Natur erschließen können, um aktionsfähig zu sein, was ohne motorische Kenntnisse nicht möglich ist.

Im pädagogischen Bereich lässt sich der Begriff Bewegung in zwei Untergruppierungen unterteilen:

1. Die Motorik

Umfasst alle körperlichen Prozesse, welche Bewegung steuern und kontrollieren.

2. Die Psychomotorik

Die Psychomotorik befasst sich mit der Einheit aus Motorik und dem psychischen Erleben.

Letztlich ist Bewegung auch nonverbale Ausdrucksmöglichkeit eines Individuums. (vgl. Dasenbrock et al., 2020, S. 200–202).

Um die Bewegung besser verstehen zu können, blicken wir nun erst einmal auf die im Körper stattfindenden physiologischen Vorgänge.

Bewegung aus physiologischer Sicht

Die Grundlage einer Bewegung des menschlichen Körpers besteht durch ein Zusammenspiel folgender vier Ebenen:

1. Rückenmark
2. Hirnstamm

3. Kleinhirn
4. Großhirn

Beim **Rückenmark** findet die sogenannte spinale Motorik statt. Dort wird auf einen Reiz niedrigschwellig reagiert, nämlich durch einen Reflex, welcher die unterste Funktionsebene der Motorik darstellt.

Der Hirnstamm ist direkt mit dem Rückenmark verbunden und hat Kontaktbahnen zu höheren Hirnregionen. Die Medulla Oblongata fungiert als verlängertes Rückenmark. Gemeinsam dienen sie als Steuerstelle der Motorik durch Kontrolle und Modifizierung. Ebenfalls gibt es Hirnstammreflexe, wodurch eine zügige Anpassung an sich verändernde Umwelteinflüsse möglich wird.

Hierbei sind folgende Reflexe für die Bewegung essenziell:

- **Statische Reflexe**: Halte- und Stellreflexe für die korrekte Körperhaltung im Raum
- **Statokinetische Reflexe**: Durch Bewegung ausgelöste Reflexe, um das Gleichgewicht aufrechtzuerhalten.

Das Cerebellum (Kleinhirn) erhält Informationen vom Labyrinth, Rückenmark und Bewegungsentwürfe aus dem Motorkortex. Hier korrigiert die Pars intermedia geplante langsame Bewegungen des Motorkortex und steuert hierauf die Ziel- und Stützmotorik. Im Cerebellum sind auch die Kleinhirnhemisphären, welche Bewegungsprogramme für zügige Zielbewegungen aufgrund von Informationen aus den assoziativen Rindenfeldern der vom Großhirn geplanten Bewegungsentwürfe, erstellt.

Das Großhirn besteht aus verschiedenen Rindenfeldern. Der Motorcortex ist hier die höchste Funktionsebene der Motorik. Er erhält die Informationen aus den vorher genannten untergeordneten Hirnregionen. Diese verarbeitet er und gibt letztlich den Ausführungsbefehl zur Bewegungsausführung. (vgl. Lecturio GmbH, 2021).

Nachdem man die notwendigsten Grundlagen zur Entstehung von Bewegung kennt, muss man nun im nächsten Schritt auf mögliche körperliche Einschränkungen in der Bewegung eingehen.

Einschränkungen der Bewegung

Bei einem gesunden Körper bestehen grundsätzlich alle zur Erzeugung und Weiterleitung von Bewegungssignalen notwendigen Organe. Des Weiteren ist der Organismus zur Ausführung der gewünschten Bewegung fähig. Gerade heutzutage, bei dem Stichwort Inklusion, haben Erzieher jedoch immer mehr mit Kindern zu tun, welche körperliche oder sonstige Einschränkungen haben.

Daher liste ich nun kurz mögliche Erkrankungen des Bewegungsapparates im Kindesalter auf:

- Querschnittslähmung
- Fehlstellungen des Bewegungsapparates
- Infantile Cerebralparese
- Motorische Entwicklungsverzögerungen
- Juvenile chronische Arthritis
- Periphere Paresen
- Spina Bifida
- Asymmetrien wie bspw. Schiefhals
- Skoliose
- Knochenbrüche

Diese Auflistung ist ein kleiner und nicht abschließender Einblick in die doch große Vielfalt der möglichen Bewegungseinschränkungen.

Sicher fragen Sie sich nun, wieso ich diese auflíste und warum Erzieher diese zumindest einmal gehört haben sollten. Erzieher stellen doch keine Diagnosen und behandeln diese nicht. Dies kann man aus meiner Sicht dennoch nicht so einfältig sehen. Denn, wie bereits zuvor erwähnt, nimmt das Thema Inklusion einen immer höheren Stellenwert ein. Des Weiteren müssen pädagogische Fachkräfte mit anderen Fachbereichen wie der Medizin, Logopädie und auch der Physiotherapie zusammenarbeiten. Denn wenn ein motorisch eingeschränktes Kind bspw. 40 Stunden die Woche in der Einrichtung verbringt, dann ist das eine sehr lange Zeit. Des Weiteren sind orthopädische Maßnahmen meist ganztägig umzusetzen und hören somit morgens zu Kita beginn nicht auf.

Doch bevor Erzieher sich über die Umsetzung im Kita-Alltag Gedanken machen können, muss sich im nächsten Schritt erst einmal über die

Grundlagen der Bewegung in der frühen Kindheit auseinandergesetzt werden.

Bewegung in der frühen Kindheit

Kinder haben einen instinktiven und früh erkennbaren Bewegungsdrang. Dieser Bewegungsdrang hilft dem Kind, sich selbst und die Welt zu entdecken. Diesen Bewegungsdrang können wir nutzen, um die Kinder für Bewegung zu begeistern. Denn nur wenn wir bei den jungen Kindern beginnen, den Bewegungsdrang zu erhalten und zu fördern, können wir das allgemeine Bewegungsverhalten in unserer Gesellschaft langfristig zum positiven Wandeln. Denn es ist bekannt, dass Bewegung zu einer gesunden körperlichen, geistigen und psychosozialen Gesamtentwicklung beiträgt. (vgl. Kersch, 2020, S. 3)

Grundlegende motorische Fertigkeiten

Bereits ab der 8. Woche einer Schwangerschaft übt sich ein Fötus in einfachen Bewegungen. Aber der 10. Schwangerschaftswoche kommen sogar schon komplexere Bewegungen wie Handbewegungen, die zum Mund führen, vor. Diese Bewegungen sind zwar spontan und nicht Reaktionen auf äußere Reize. Dennoch sind solche Bewegungsmuster in solch früher Entwicklungszeit beachtlich.

Nach der Geburt entwickelt sich die Körpermotorik in den ersten Lebensjahren weiterhin mit beachtlichem Tempo. Bereits nach ungefähr 3 Monaten kann das Kind seinen Kopf gegen die Schwerkraft bewegen und auch stabil halten (Kopfkontrolle). Es werden erste Greifversuche unternommen und die Motorik wird nun langsam immer mehr an persönlichen Zielen ausgerichtet. Nach 6. Monaten ist dem Baby bereits eine symmetrische Rückenlage möglich. Des Weiteren können sich die meisten Babys in dem Alter schon bereits mit den Händen und Unterarmen abstützen. Im Bereich der Feinmotorik gelingt nun meist der radiale Faustgriff sowie das Übergeben eines Objektes von einer zur anderen Hand entlang der Mittellinie.

Ab dem 12. Monat findet der Übergang vom Baby- zum Kleinkindalter statt. Die meisten Kleinkinder können ab diesem Alter mit geradem Rücken frei sitzen und haben bereits eine stabile Gleichgewichtskontrolle hierfür entwickelt. Ebenfalls beginnen die Kleinkinder jetzt mit Lageveränderungen von der Bauch- zur Rückenlage und zurück. Die

Fingerfertigkeit nimmt zu und die Kleinkinder können meist den Scherengriff anwenden.

Mit 24. Monaten können die meisten Kleinkinder schon aus dem Stand Objekte vom Boden aufheben. Treppenlaufen im Nachstellschritt wird ebenso fleißig geübt wie das Festhalten am Geländer oder bei Erwachsenen. Der Pinzettengriff wird nun sicher beherrscht und das Malen beginnt meist mit einem Faustgriff.

Ab dem 36. Monat beginnt meist das erfolgreiche Hüpfen mit beiden Beinen sowie das schnelle Bewegen unter deutlicher Zuhilfenahme der Arme. Das Ausweichen bei Hindernissen sowie schnelles anhalten sind ebenfalls meist möglich. Beim Bücherentdecken können die Kinder nun einzelne Seiten richtig umblättern, unter Zuhilfenahme eines präzisen 3-Finger Spitzgriff. (vgl. Schlack, 2012)

Sehbeeinträchtigung und motorische Entwicklung

Für Blindheit im Kindesalter hat nichts mit absoluter Blindheit zu tun. Vielmehr fallen hierunter auch Kinder, welche durchaus noch geringe Sehleistungen des Sinnesorgans besitzen. Ein blindes Kind kann dennoch oftmals noch Hell-/Dunkelkontraste oder Umrisse von Personen und Objekten erkennen. Aus diesen Gründen ist auch die Frühförderung eine immens wichtige Grundvoraussetzung für die bestmögliche Entwicklung eines jeden Kindes mit Einschränkungen des Sehorgans.

Zurückgreifend auf den Beginn der Sachanalyse haben wir bereits festgestellt, *dass sich Menschen die Natur erschließen, um aktionsfähig zu sein und hierfür die motorische Entwicklung unabdingbar ist.* Sehbeeinträchtigte Kinder und insbesondere auch blinde Kinder entwickeln sich jedoch anders als ein sehendes Kind. Denn hier ist der Reiz der Umwelt auf den Sehnerv reduziert oder fehlt bei Blindheit meist komplett. Hierdurch werden die eingeschränkten Kinder nicht oder weniger motiviert, an naheliegende Objekte zu gelangen oder sich gezielt zu einem Objekt hinzubewegen.

In einer Längsschnittstudie beispielsweise wurden insgesamt 107 Einzelfertigkeiten aus vier Entwicklungsbereichen (manuell-lebenspraktisch, grobmotorisch, sozial-interaktiv und sprachlich) bei vier blind geborenen Kindern mit denen sehender Kinder verglichen. Die Studie konnte nachweisen, dass sich die blinden und sehenden Kinder <u>nicht parallel, sondern divergent entwickelten</u>. Nur bei den sprachlichen Fertigkeiten waren geringe Unterschiede aufgetreten. (vgl. Brambring, 2005)

Es lässt sich somit festhalten, dass sehbeeinträchtigte und blinde Kinder gerade auch im grob- und feinmotorischen Entwicklungsverlauf Förderbedarf haben können und dies im Blick behalten werden muss. Hierbei ist immer wichtig zu beachten, dass sehbehinderte und blinde Kinder sehr viel körperliche Nähe benötigen, um direkte und „verknüpfbare" Erfahrungen machen zu können.

Diese körperliche, greifbare Nähe ist neben der Sprachkommunikation insbesondere für blinde Kinder von existenzieller Bedeutung, können diese doch durch Nähe ihre Bindungspersonen wahrnehmen und **aus dieser sicheren Basis heraus explorieren**.

Oftmals treten Einschränkungen im Sehvermögen auch mit anderen Behinderungen und Auffälligkeiten auf. Für diese sogenannte Mehrfachbehinderung ist die körperliche Nähe einer Bezugsperson auch für die Fortbewegung oder Lagerungsänderung eine unabdingbare Voraussetzung. (vgl. Sarimski & Lang, 2020, S. 24ff.)

Des Weiteren sollte auch das Kontrastverhältnis beachtet werden. Gerade, wenn noch minimale Sehleistungen vorhanden sind. Hierzu kann man sich eines einfachen Tricks bedienen. Fotografieren Sie die Situation und nutzen Sie den Schwarz-Weiß Filter.

Hierdurch lassen sich die Kontrastverhältnisse deutlicher darstellen. Dies verdeutlichen auch die nachfolgenden Fotos:

Umgebung sichten und *Kontraste erkennen.*

Psychomotorik

Hinsichtlich der Bedeutung von Bewegung gibt es unterschiedliche Ansätze beziehungsweise Theorien. Hier seien insbesondere zu nennen:

Bewegung kann aus unterschiedlicher Sichtweise verstanden werden.

Tamboer hatte eine anthropologische Sicht auf die Bedeutung der Bewegung eines Menschen. Herr von Weizsäcker wiederum eine Gestalttheoretische Sichtweise. Jean Piaget sah Bewegung aus entwicklungspsychologischer Sichtweise (Erkenntnis) und Erikson aus psychosozialer Sichtweise (Identität). Alle haben also unterschiedliche Sichtweisen auf das Wort Bewegung.

Dies ist auch nicht verwunderlich, denn in dem Wort Psychomotorik stecken folgende sechs Bereiche, welche die große Dimension der Psychomotorik unterstreichen:

1. Ich-/Selbstkompetenz
2. Körpererfahrung
3. Materialerfahrung
4. Sachkompetenz
5. Sozialerfahrung
6. Sozialkompetenz

Die Psychomotorik ist somit durch eine Verknüpfung von Wahrnehmen, Erleben, Bewegen und Handeln charakterisiert. Es stehen somit nicht einzelne Förderbereiche im Vordergrund, sondern die **Weiterentwicklung der gesamten Persönlichkeit eines Kindes durch Bewegung**. Erst wenn man die <u>Wahrnehmung und Bewegung als Einheit</u> versteht, kommt man von einem Gedanken der Wahrnehmungsförderung als reines Sinnes-Training weg. Motorische

Förderung ist somit mehrdimensionale Entdeckung und muss in ganzheitlichen Handlungssituationen vermittelt werden.

Solche Handlungssituationen sind als Problemlösungen so zu gestalten, damit diese den Kindern kreatives Handeln erlaubt. Das Nachvollziehen bereits vorgegebener Lösungswege ist daher nicht sinnvoll. (vgl. Eckloff)

Um diesen wissenschaftlichen Erkenntnissen gerecht zu werden, findet das Bewegungsangebot **als Bewegungsbaustelle** statt.

Bewegungsbaustelle

Das Grundkonzept der Bewegungsbaustelle entstand im Jahre 1983 durch Klaus Miedzinski. Bis heute hat sich das Konzept stets weiterentwickelt und blieb seinem Kern jedoch stets treu: Großräumige Bewegungen der Kinder zu fördern. Anknüpfpunkte findet man auch aus der Sicht Maria Montessori, denn die Bewegungsbaustelle ist letztlich eine vorbereitete Umgebung mit Aufforderungscharakter.

Die Bewegungsbaustelle bietet den Kindern die Möglichkeit, sich aktiv mit Materialien und deren Eigenschaften auseinanderzusetzen. Ganz nach eigener Vorstellungskraft können neue Möglichkeiten ausprobiert und getestet werden. Hier werden einzelnen Kindern schnell körperliche Grenzen bewusst, sodass gemeinsame Bemühungen bei den Bewegungsexperimenten zu Bewegungssicherheit und Selbstvertrauen führen. All diese bisher genannten Gründe sprechen **gegen eine** vorbereitete **Bewegungslandschaft** und somit **für** ein pädagogisches Angebot mit einer **Bewegungsbaustelle**.

Überdies bietet eine Bewegungsbaustelle beim Erreichen des spielerischen Ziels weit mehr als das eigentliche, körperliche, Tun. Die Kinder üben sich in Kreativität, leben Fantasien aus und setzen Ideen um. Hierbei lernen sie Theorien und physikalische Gesetzmäßigkeiten kennen. So schaffen es Kinder letztlich durch Ideenreichtum, ausprobieren und Mut ihr gesetztes Ziel zu erreichen. (vgl. Miedzinski & Fischer, 2014, S. 13–15)

Eine weitere wichtige Bedeutung liegt in den wahrnehmend-erfahrenen Kompetenzen. Der explorierende Bedeutungstyp breitet sich in **dreifacher** Hinsicht aus:

1. Leibliche Erfahrung

2. Materielle Erfahrung

3. Soziale Erfahrung

Wichtig zu wissen und zu verstehen ist, dass die Bewegung nicht nur als Medium für die soziale Erfahrung dient, sondern vielmehr auch die **Grundlage für soziale Beziehungen** legt. Somit sind Bewegungsgelegenheiten in der Gruppe ein perfektes Kommunikationsinstrument sowie Lernfeld und hierin liegt deren besonderen pädagogischen Bedeutung. (vgl. Miedzinski & Fischer, 2014, S. 32–33)

Methodisch-Didaktische-Planung

Verlaufsplan

Einleitung

Bei der Einleitung werden die methodisch-didaktischen Prinzipien *Prinzip der Teilschritte* und *Prinzip der Aktivität* berücksichtigt. Es folgen noch keine Feinziele.

Zeit	Teilschritte	Impulse
01-04 min. **05-10 min.**	▪ Die Kinder werden aus dem Freispiel abgeholt und zum Angebot eingeladen. ▪ Begrüßungsrunde ▪ Die Kinder erfahren, wieso wir heute gemeinsam im Turnraum sind. ▪ Die Kinder können Fragen stellen und äußern, welche Vorstellung/Gedanken sie haben.	▪ **Einstiegsimpuls**: Hallo X., ich habe heute etwas Schönes im Bewegungsraum geplant. Magst du mitkommen? ▪ Seid ihr schon neugierig, was wir heute gemeinsam machen? ▪ **Impuls**: Fantasieeinstieg Boot und Wal

Hauptteil

Beim Hauptteil wird das methodisch-didaktische *Prinzip der Übung* sowie das *Prinzip der Aktivität* angewandt. Es werden die Feinziele eins, zwei, drei und vier integriert.

Zeit	Teilschritte	Impulse
30 min.	▪ Die Kinder können sich in der Bewegungsbaustelle erproben und austesten.	▪ Impuls zu Feinziel 1/2: je nach Situation ▪ Impuls zu Feinziel 3/4: je nach Situation

Schlussteil

Beim Schlussteil wird das methodisch-didaktische *Prinzip der Übung* und das *Prinzip der Aktivität* angewandt.

Zeit	Teilschritte	Impulse
05 min.	▪ Die Kinder werden für die großartigen Konstruktionen gelobt. ▪ Zum Ende der Bewegungsbaustelle geht das Angebot in ein offenes Angebot über. Weitere Kinder aus anderen Gruppen betreten den Bewegungsraum.	▪ Frage: Habt ihr denn eine Idee, für welches Tier wir nächstes Mal eine Höhle bauen könnten? ▪ Impuls: Ich fand eure Ideen wirklich toll.

Problemvorwegnahme

Ein Kind möchte nicht am Angebot teilnehmen

Sollte ein Kind nicht am Angebot teilnehmen möchten, so ist dies in Ordnung. Das Kind verbleibt somit im Freispielbereich des Gruppenraumes.

Ein Kind ist erkrankt und nimmt nicht teil

Es kann sein, dass ein Kind am Angebotstag erkrankt ist und fehlt. In diesem Falle kann ein anderes Kind nachrücken, wobei bei der Auswahl auf die zu beachtende Gruppenkonstellation zu achten ist. Es sollte nur ein Kind ähnlichen Charakters und kognitiven Entwicklungsstandes in Erwägung gezogen werden.

Ein Kind spielt nicht nach den Regeln

Sollte ein Kind mehrfach die anderen Kinder beim Bauen stören, kann es alternativ am Rand des Raumes Platz nehmen und bis zum Ende des Angebotes dort warten. Sollte es dort weiterhin stören, kann es mit der Anleiterin zurück in den Gruppenraum gehen und dort im Freispiel weiterspielen.

Den Kindern ist/wird langweilig

Sollte den Kindern bei der Bewegungsbaustelle langweilig werden, kann ich durch gezielte Impulse das Interesse der Kinder zur Bewegungsbaustelle zurücklenken.

Ein Kind möchte nicht mehr Bewegungsbaustelle spielen

Sollte ein Kind nicht mehr Bewegungsbaustelle spielen wollen, kommt es auf die Situation an. Spiel es ein anderes Spiel und stört die restliche Gruppe nicht, so wird versucht durch entsprechende Impulse das Kind zurückzuholen. Sollte es jedoch stören, so wird verfahren wie unter Punkt 3: Ein Kind spielt nicht nach den Regeln.

Ein Kind verletzt sich

Wenn sich ein Kind bei der Bewegungsbaustelle verletzt, kommt es auf den Schweregrad an. Bei leichten Blessuren wird abgewartet, wie das Kind und die Gruppe auf die Situation reagieren. Erst nachdem die

Kinder die Situation nicht selbst auflösen können, greife ich als päd. Fachkraft ein.

Vorbereitende Tätigkeiten

Raumplanung

Als Raum wurde der Bewegungsraum ausgewählt, da hier einerseits der notwendige Platz vorhanden ist und andererseits der Raum für Turn- und Bewegungseinheiten ausgelegt ist. Er besitzt eine Sprossenwand, Deckenhaken, unterschiedliche Bodenmaterialien (Matten, Schaumstoffklötze) sowie weitere stabile und nutzbare Vorrichtungen.

Gerade für die geplante Bewegungsbaustelle bietet er eine Vielzahl an Bau- und Entdeckungsmöglichkeiten.

Nachfolgend ein Schaubild über den Bewegungsraum mit geplanter Bewegungsbaustelle:

Raumplanung mit Bewegungsbaustelle

Vorbereitung des Raumes

Anhand des vorhergehenden Schaubildes lassen sich die Sicherheitsmaßnahmen bei der Sitzbank erkennen. Das Lüften kann bei Bedarf durch die links vorhandenen (nicht sichtbaren) Fenstern geschehen. Ebenfalls befindet sich dort auch eine Sitzbank. Hier können die Anleiterin sowie die Praxislehrkraft das Angebot beobachten.

Raum-, Material- und Medienliste

- Bewegungsraum
- Fantasie für einen kurzen Einstiegsimpuls
- Decke(n) als Boot für Einstiegsimpuls
- Sitzbank
- 3 dünne blaue Matten
- 2 dicke blaue Matten
- Bauwürfel unterschiedlicher Art
- Zusatzmaterialien, je nach Situation

LITERATURVERZEICHNIS

Baden-Württemberg, M. f. K. J. u. S. (2016). Orientierungsplan: Für Bildung und Erziehung in baden-württembergischen Kindergärten und weiteren Kindertageseinrichtungen (2. Aufl.). Herder.

Brambring, M. (2005). Divergente Entwicklung blinder und sehender Kinder in vier Entwicklungsbereichen. Zeitschrift für Entwicklungspsychologie und Pädagogische Psychologie,37(4),173–183.

Dasenbrock, F., Dietrich, D., Fröhlich, C., Herrmann, U., Hoffmann, S., Kessler, A., Kreuels, A., Perret, D., Reinecke, M., Rosche, M., Ruff, A., Schmitt, C., Seidel, W., Wagner, F., Weber, U. & Witzlau, C. (2020). Erzieherinnen + Erzieher Band 2: Sozialpädagogische Bildungsarbeit professionell gestalten (2. Aufl.). Cornelsen.

Eckloff, G. Die Bedeutung von Bewegung für die Entwicklung im Kindesalter. Carl von Ossietzksy Universität Oldenburg,

Kersch, D. (2020). Handbuch zur Bewegungsförderung bei Kindern von 0-12 Jahren. https://gouvernement.lu/damassets/documents/actualites/2021/01-janvier/Bewegungsforderung-bei-Kindern-0-12.pdf

Lecturio GmbH (Hrsg.). (2021, 9. Dezember). Die Motorik: Alles zu den Grundlagen der Bewegung und motorischen Systemen. https://www.lecturio.de/magazin/grundlagen-motorik/

Miedzinski, K. & Fischer, K. (2014). Die Neue Bewegungsbaustelle: Lernen mit Kopf, Herz, Hand und Fuß ; Modell bewegungsorientierter Entwicklungsförderung (3. Aufl.). Borgmann Media.

Sarimski, K. & Lang, M. (2020). Frühförderung blinder Kinder: Grundlagen für die Arbeit mit blinden Kindern und ihren Familien (1. Aufl.). bentheim: Bd. 1. edition bentheim.

S. Beller: Kuno Bellers Entwicklungstabelle 0-9, 10. komplett überarbeitete und erweiterte Auflage

Schlack, H. G. Prof. Dr. (2012). Motorische Entwicklung im frühen Kindesalter. Universität Bonn.

Spitzer, M. Prof. Dr. Dr. (2018, 20. März). Schule der Zukunft: Bildung für ein erfülltes Leben. Vulkan TV, Feldbach. https://www.youtube.com/watch?v=NR-KPZEL3Aw